Inhalt

Sportsponsoring - Olympia und Fußball-WM bringen Marketingmaschinerien auf Hochtouren

Kernthesen

Beitrag

Fallbeispiele

Zahlen und Fakten

Weiterführende Literatur

Impressum

Sportsponsoring - Olympia und Fußball-WM bringen Marketingmaschinerien auf Hochtouren

Anja Schneider

Kernthesen

- IOC und Fifa haben strenge Werberegeln während der Olympischen Spiele und der Fußball-Weltmeisterschaft erlassen.
- Dennoch nutzt die Werbebranche die Spielräume, um bei den Zuschauern die Sportbegeisterung in Kauflust umzuwandeln.
- Am wichtigsten ist das Fernsehen, doch auch Print und Radio rühren kräftig die

Werbetrommel; die sozial-digitalen Plattformen sind im Sportmarketing wichtiger geworden.
- Sportarten ohne Titelsponsor haben es schwer. Doch jenseits von Fußball und Formel-1 schaffen es andere Sportarten, im Sportsponsoring dicke Fische an Land zu ziehen.

Beitrag

Werbliche Nutzung der sportlichen Großereignisse läuft

Im Jahr 2014 finden mehrere sportliche Großereignisse statt. Auf die Olympischen Winterspiele vom 8. bis 23. Februar im russischen Sotschi folgt vom 12. Juni bis 13. Juli die Fußball-Weltmeisterschaft in Brasilien. Was bedeuten diese Mega-Events für die Werbebranche? Schon viele Wochen vorher trommeln die Medien, die werbliche Nutzung der Wettbewerbe nimmt seit Jahresanfang gewaltig an Fahrt auf. Schließlich geht es im Sport nicht allen ums reine Dabeisein, auch nicht um Medaillen, sondern es geht darum, mittels Sport, Sportlerinnen und Sportler möglichst viel Business zu

generieren!
Die Werbemedien erhoffen sich viele zusätzliche Einnahmen. Die Werbungtreibenden und Sponsoren, zumeist namhafte Konzerne, wollen viel erreichen für ihr Image und den Verkauf ihrer Produkte. Herr Putin will Russlands Größe eindrucksvoll zur Schau stellen. Die Athleten und Athletinnen wollen ihre Medaillen mit lukrativen Aufträgen als Testimonials in Werbekampagnen versilbern. Für all dies wird tief in die werbliche Trickkiste gegriffen.

Allerdings sind die Möglichkeiten zur Werbung während der Olympischen Winterspiele vom IOC sehr eingeschränkt und streng geregelt worden. Es darf nur Werbung von offiziellen Sponsoren der Spiele geschaltet werden. Die IOC-Regeln schützen die Olympia-Sponsoren, was verständlich ist, weil sie ganz gewaltige Summen für die Werberechte bezahlen. Die Sportler dürfen innerhalb der Sperrfrist rund um die Olympischen Winterspiele (Sotschi: 30. Januar bis 26. Februar 2014) keinerlei Werbung für ihre sonstigen langjährigen Sponsoren machen, sie dürfen kein Logo tragen, müssen ihre Olympia-Berichte in sozialen Netzwerken von Werbung frei halten, Gratulationsanzeigen in Print oder Internet müssen neutral gestaltet werden. Findig und clever gelöst hat das Werbeverbot der Chemnitzer Wäschehersteller Bruno Banani. Der von ihm gesponserte Rennrodler aus Tonga heißt Bruno

Banani, trägt also praktischerweise seinen Sponsor als Namen - freilich kein Zufall!

Auch für die Fußball-Weltmeisterschaft hat die Fifa strenge Regeln für Marketingmaßnahmen erlassen. Wer kein offizieller Fifa-Partner ist, muss sehr vorsichtig sein, darf sich beispielsweise nicht als (offizieller) Sponsor darstellen, darf ohne Erlaubnis geschützte Wörter, Slogans oder Symbole nicht verwenden. Wer dennoch werben will, betreibt so genanntes Ambush-Marketing. Darunter versteht man die Werbung mit Bezug zu einem Großevent, der (auch) von Sponsoren getragen wird, ohne selbst Sponsor zu sein. Wie das geht zeigt Autohersteller VW, kein offizieller Sponsor der Fußball-WM: In einem Werbespot zeigt er den berühmten Fußballer Pelé, statt WM heißt es Cup und der deutschen Elf wird alles Gute für 2014 gewünscht - die Bezeichnung WM 2014 wird also geschickt umgangen, dennoch weiß jeder, was gemeint ist.

Kreative Köpfe sind in der Branche Marketing und Werbung halt immer gefragt! (1), (2), (3)

Mediengattungen: TV-Werbung gefragt, aber teuer und reglementiert, Social Media legen

zu

Am stärksten gefragt ist weiterhin das **Fernsehen**. Vor allem über 50-Jährige folgen den Olympischen Winterspielen in Sotschi vor den Fernsehbildschirmen der öffentlich-rechtlichen Sender. Sie gehören laut Analyse von Mediaplus den Konservativen, den Traditionell-Etablierten und der Bürgerlichen Mitte an. Freilich sind darunter auch die richtigen Wintersportfans. Über 70 Fernsehsender werden die Olympischen Spiele aus Sotschi übertragen. In Deutschland senden ARD und ZDF an 17 Tagen unter dem Motto "Hot. Cool. Yours." täglich von morgens bis abends. Schon Wochen vor Beginn der Olympiade und der Fußball-WM buchen Kunden teure Werbezeiten, um Imagespots, Solo-Spots und Splitscreen-Werbung zu senden. Die Fernsehsender müssen sehr viel Geld bezahlen, um die Übertragungsrechte zu erhalten. Eine Prognose nennt für dieses Jahr Ausgaben von 20 Milliarden Euro weltweit für Senderechte. Die Rechte seien doppelt so teuer wie für Vancouver 2010. Das Geld fließt an das International Olympic Committee (IOC). Dieses generiert 53 Prozent seines Umsatzes aus den Fernsehrechten. (4), (5)

Social Media gewinnen an Bedeutung; das war bei den vorhergehenden Spielen in London und Vancouver noch nicht so. Spezielle Facebook-Seiten wurden schon frühzeitig aufgesetzt und werden bespielt, neue Apps entwickelt, Sponsoren investieren zunehmend digitale Präsenz, sie forcieren den digitalen Dialog, indem sie beispielsweise die Sportler mit Smartphones ausstatten und erfolgreiche Ehemalige twittern lassen. Die sozial-digitalen Plattformen werden eingesetzt, um die Menschen daheim noch intensiver am sportlichen Geschehen teilhaben zu lassen und um Emotionen zu verstärken. Dahinter steht freilich das Businessziel, Vertrieb, Handel und Abverkauf anzukurbeln. Insgesamt kann das Internet mit dem Fernsehen noch nicht mithalten, auch wenn die Produktion von spezifischen Bewegtbildinhalten für digitale Plattformen an Bedeutung gewinnt und es erste Modelle für die Kommerzialisierung gibt. Jüngere Menschen werden mit den modernen Medien immer mehr erreicht. (6), (7)

Im Bereich **Print** kommen die Verlage mit Sonderausgaben ihrer beliebten Special Interest-Blätter wie beispielsweise einem Sonderheft des Kicker und einer Gratis-Bild auf den Markt.

Für die Vermarktung im **Radio** spielen diese beiden Sportfeste eine kleinere Rolle, hier ist die Fußball-Bundesliga wichtiger. Dennoch schnüren die Radiovermarkter Werbepakete und entwickeln Sonderwerbeformen wie beispielsweise den "Samba Wecker", "Torjubler" oder "Fußball-Held". (8)

Kapitalstarke Werbekunden setzen dabei nicht nur auf ein Werbemedium, sondern bespielen mehrere, werben also mit **crossmedial**, beispielsweise einer Kombination aus TV oder Print, ergänzt um Online, Mobile und Apps.

Sportsponsoring jenseits des Königs Fußball

Welche Relevanz hat der Sport für die Werbungtreibenden und Sponsoren generell? Für sie sind König Fußball und die Fußball-WM am bedeutendsten, liegen also vor den Olympischen Spielen. Sehr attraktiv ist die Formel 1. Einige Disziplinen des Wintersports haben als Sponsoring-Plattform gewonnen, allen voran der Biathlon. Die Vermarkter der klassischen Wintersportsender ARD, ZDF und Eurosport registrieren eine zunehmende Nachfrage nach Wintersportpaketen mit Werbeplätzen und Sonderwerbeformen. Randsportarten wie Eiskunstlauf und Snowboarden tun sich weiterhin schwer, hingegen gewinnen Basketball, Handball, Eishockey und Motorradfahren zunehmend Sponsoren. Ihre Vereine verfolgen eine konsequentere Marketing- und Kommunikationsstrategie, lernen vom Vorbild Fußball, stimmen ihre Saisonhöhepunkte zeitlich ab und sind bestrebt, sich für TV-Sender attraktiv zu

machen, sichtbar zu werden und an Reichweite zuzulegen.
Bei kleineren Sportarten ist zu beobachten, dass sie mehr auf sie sozialen Medien setzen als auf das Fernsehen. Die Fans werden über hochwertige Live-Streaming-Angebote erreicht. Über teures, aber maßgeschneidertes Engagement im Sponsoring von Golf, Segeln, Springreiten wollen Konzerne ihre exklusiven Zielgruppen erreichen. Aber auch aufmerksamkeitsstarke und medial kräftig bespielte Events im Breitensport, wie beispielsweise der Berliner Marathon, werden für Marketing genutzt. (9), (10)

Trends

Digitale Kommunikation ist in: Die Kommunikation rund um den Sport wird digitaler, Social-Media-Elemente in den Kampagnen nehmen stark zu, große Auftritte werden online inszeniert, etwa durch mehrstufige Teaser-Kampagnen, beobachten Marketingexperten. (1)

Hospitality-Geschäft schwieriger: Nicht nur die Werberegeln sind verschärft worden, auch die Compliance-Bestimmungen. Das beeinflusst und bremst das so genannte Hospitality-Geschäft der Vermarkter. Sie verkaufen weniger Logen und Tickets für die Events, weil die Werbekunden - bisher in der Regel Dax- und Top-100-Konzerne - ihre

Engagements zurückfahren. Allerdings bringt dies beispielsweise in der Fußball-Bundesliga neue Chancen für mittelständische und ausländische Sponsoren. (11)

Fallbeispiele

Mobil dabei: Mit freundlicher Unterstützung des IOC-Werbepartners Samsung wurden alle Athleten mit dem Samsung Galaxy Note 3 ausgestattet, dem offiziellen Smartphone der Olympischen Spiele. (6)

Im Internet: Das IOC hat eine eigene Internetseite eingerichtet unter http://hub.olympic.org/. Der DOSB hat unter www.deutsche-olympiamannschaft.de/de/social-hub.html zentrale Anlaufstellen im Internet geschaffen, auf denen man den Olympia-Sportlern folgen kann.

Bereits ein Jahr vor Beginn der Fußball-WM startete die Fifa im August 2013 ihre Turnier-Facebook-Seite, die inzwischen 1,4 Millionen Likes zählt. Zur WM-Auslosung kam eine spezielle App. (6)

Jenseits Fußball: Golfsport wird von Mercedes, Allianz und BMW unterstützt. Die Allianz will über das Engagement beim Club St Andrews gezielt das B-to-B-Business vorantreiben. Segeln forcieren Audi und SAP, sie sponsern etwa die Kieler Woche. Reiten dient Warsteiner, Rolex und Mercedes zur Steigerung der Markenbekanntheit und Geschäftsanbahnung. Gesponsert wird das Reitsportfest CHIO in Aachen. Der BMW Berlin Marathon wird von BMW, Adidas und Tata unterstützt. Die Basketball-Liga Beko BBL ist nach dem türkischen Elektrogerätehersteller benannt. (10)

Procter & Gamble: Der Imagespot aus der Kampagnenreihe Danke Mama / Thank you mom, die zu den Olympischen Sommerspielen in London 2012 startete, wurde mit Blick auf Sotschi 2014 seit Oktober fortgesetzt. Die sozial-digitalen Plattformen gewinnen an Bedeutung. Die Kampagne wird erneut über PR-Maßnahmen, Fernsehspots, Instore- und Online-Medien aktiviert, Social Media und digitale Kanäle werden ebenfalls bespielt. (12)

Deutsche Bahn: Für die Deutsche Bahn, kein offizieller Olympia-Sponsor, war zum Start der Spiele am 7. Februar schon wieder Kampagnenende. Der Logistikkonzern konzentrierte sich vier Wochen davor, um für seine eigens aufgelegte Gold Bahncard zu werben. Unter dem Motto Go for Gold machen die Bahn und Stammbetreuer Ogilvy Bahncard-Besitzer zu Gold-Gewinnern. Den zugehörigen TV-Spot schaltete die Bahn-eigene Mediaagentur DB Media und Buch auf reichweitenstarken Sendern. Funkspots, Anzeigen, Banner, ein Online-Gewinnspiel und Maßnahmen an den Bahnhöfen und auf Bahn.de rundeten das Kommunikationspaket ab. (13)

Print bringt Specials: Der Deutsche Olympische Sportbund und die Deutsche Sport-Marketing (DSM) haben ein Olympia-Special des Titels "Faktor Sport" herausgebracht, für 4,50 Euro ist das ansonsten nur im Abo erhältliche Heft seit 17. Januar am Kiosk präsent. Das WM-Sonderheft des Kicker erscheint im Mai in einer Auflage von 600 000 Exemplaren; die 1/1-Anzeigenseite 4c darin kostet 29 000 Euro. Die Axel Springer AG wird zur Fußball-WM eine Neuauflage der Gratis-"Bild". Voraussichtlich am 7. Juni wird das Blatt an über 40 Millionen Haushalte verteilt. Wer eine 1/1-Anzeigenseite darin schalten will, bezahlte bis Ende Januar den Frühbuchertarif von 1,9 Millionen Euro, danach 2,05 Millionen. Wettbewerber Gruner + Jahr bringt zur WM neben dem Fußball-Magazin 11 Freunde auch Stern, Gala und Eltern mit crossmedialen Angeboten, zu denen Online, Mobile und Apps zählen, an den Start. (8)

Erdinger Alkoholfrei: Die Biermarke sponsert im Winter die Biathleten und im Sommer die Triathleten. (7)

Audi: Der Automobilhersteller sponsert Wintersport und kooperiert mit Vereinen, Verbänden und dem Alpinen Skiweltcup, um seinen Audi quattro in Szene zu setzen. (14)

Puma: Der Sportartikelhersteller wird ab 1. Juli 2014 offizieller Partner und Ausrüster des englischen Top-Fußballclubs Arsenal London und will mit diesem werblichen Engagement gegenüber Nike und Adidas Boden gutmachen. (15)

Zahlen & Fakten

Die Fifa-Fußball-Weltmeisterschaft gilt werblich als größtes Sportereignis weltweit. In Summe wurde das Thema WM im Gesamtjahr 2010 laut Ebiquity mit einer Bruttowerbeleistung in Höhe von 287 Millionen Euro bespielt. Zum Vergleich: die EM 2012 kam auf 252 Millionen Euro.

Die Olympischen Spiele können werblich nicht mithalten: 2010 betrug das Brutto-Werbevolumen zum Thema 15 Millionen Euro.

Mit Bezug zur Rennserie Formel-1 gaben Brands 2013 in Summe in den großen Mediengattungen 37 Millionen Euro aus. (16)

Laut Wintersportstudie des Marktforschungs- und Beratungsunternehmens Repucom konnte der Wintersport Biathlon seine Interesse-Werte seit 2005 von 51 Prozent auf 69 Prozent 2013 steigern. Auch Ski Alpin legte um sechs Prozentpunkte auf 37 Prozent zu, während Snowboarding um den gleichen Wert auf elf Prozent abrutschte, ebenso wie Eiskunstlauf (2013: 14 Prozent).

Die bekanntesten Sportler sind die deutschen Ski-Alpin-Athleten Felix Neureuther und Maria Höfl-Riesch mit je 22 Prozent vor den Skispringern Martin Schmitt und Severin Freund. Andrea Henkel ist mit neun Prozent die bekannteste Skijägerin. Bei den Sponsoren hinterlässt bei ungestützter Befragung Milka vor Audi, Adidas, Viessmann und DKB den bleibendsten Eindruck. Bei der gestützten Bekanntheitsabfrage rangiert Milka (83 Prozent) vor Adidas, Red Bull und Audi. (17)

Weiterführende Literatur

(1) Der Fußball bestimmt im Sportjahr 2014 alles
aus werben & verkaufen Nr. 05 vom 27.01.2014, S. 16

(2) Marke im Eiskanal
aus Horizont 05 vom 30.01.2014 Seite 024

(3) Kein Sponsor - kein Problem!
aus werben & verkaufen Nr. 05 vom 27.01.2014, S. 18

(4) Vor allem Ältere sehen Olympische Spiele
aus Horizont 05 vom 30.01.2014 Seite 004

(5) Grasl: Olympische Spiele für TV-Sender "definitiv kein Geschäft"
aus "Medianet" Nr. 1745/2014 vom 21.01.2014 Seite 10

(6) Neue Fingerübungen
aus Horizont 45 vom 07.11.2013 Seite 033

(7) Sich weiter an der Spitze halten
aus Horizont 49 vom 05.12.2013 Seite 026

(8) Täglich dabei mit dem Samba-Wecker
aus werben & verkaufen Nr. 05 vom 27.01.2014, S. 19

(9) Lasst die Spiele beginnen
aus Horizont 49 vom 05.12.2013 Seite 025

(10) Der Fußball bekommt mehr Konkurrenz
aus werben & verkaufen Nr. 06 vom 03.02.2014, S. 22

(11) "Die Bundesliga hatte nie einen Nachteil durch eine WM oder EM"
aus werben & verkaufen Nr. 05 vom 27.01.2014, S. 21

(12) Gut fürs Geschäft
aus Horizont 45 vom 07.11.2013 Seite 034

(13) Warmlaufen für Winterspiele
aus Horizont 1-2 vom 09.01.2014 Seite 006

(14) In Sotschi haben viele Sponsoren Pause
aus "Horizont" Nr. 05/2014 vom 31.01.2014 Seite: 18

(15) Guter Fang für die Raubkatze
aus Horizont 05 vom 30.01.2014 Seite 009

(16) Die Top-Events im Sport
aus werben & verkaufen Nr. 05 vom 27.01.2014, S. 20

(17) Wintersport zieht weitere Kreise

aus Horizont 49 vom 05.12.2013 Seite 027

Impressum

Sportsponsoring - Olympia und Fußball-WM bringen Marketingmaschinerien auf Hochtouren

Bibliografische Information der deutschen Nationalbibliothek

Die Deutsche Nationalbibliothek verzeichnet diese Publikation in der deutschen Nationalbibliografie; detaillierte bibliografische Daten sind im Internet über http://dnb.d-nb.de abrufbar.

ISBN: 978-3-7379-5733-5

© 2015 GBI-Genios Deutsche Wirtschaftsdatenbank GmbH, Freischützstraße 96, 81927 München, www.genios.de

Alle Rechte vorbehalten. Dieses Werk ist einschließlich aller seiner Teile – z.B. Texte, Tabellen und Grafiken - urheberrechtlich geschützt. Jede Verwertung außerhalb der Grenzen des Urheberrechtsgesetzes bedarf der vorherigen Zustimmung des Verlags. Dies gilt insbesondere auch für auszugsweise Nachdrucke, fotomechanische Vervielfältigungen (Fotokopie/Mikroskopie), Übersetzungen, Auswertungen durch Datenbanken oder ähnliche Einrichtungen und die Einspeicherung und Verarbeitung in elektronischen Systemen.